KB263863

반듯반듯
마음에 새기는

하루 한 장 가치 필사

2. 우리

몇 년 전 사진을 보면 여러분이 얼마나 컸는지 알 수 있습니다. 몸이 큰 것은 물론 아는 것도 많아지고 마음도 단단해졌지요. 이 모든 것은 주변의 따뜻한 보살핌과 가르침 덕분입니다.

하지만 그것만으로 지금의 여러분이 된 것은 아니랍니다. 그렇다면 예전과는 비교할 수 없을 만큼 넓고 깊어진 생각은 어디에서 왔을까요? 조금만 힘들어도 쉽게 포기하던 약한 마음은 언제부터 굳건한 끈기로 바뀌었을까요? 나밖에 몰랐던 욕심쟁이는 어떻게 배려하는 사람이 됐을까요?

바로 여러분 스스로 고민하며 깨달아 왔기 때문입니다. 그리고 그 과정에서 책은 아주 중요한 역할을 합니다. 글자를 익힌 후, 우리는 '읽기'를 통해 전보다 훨씬 많은 것을 배우고 '쓰기'를 통해 생각을 키워 갑니다. '읽는 만큼 자라고 쓰는 대로 되는' 거죠.

그런데 요즘 많은 어린이들이 이런 질문을 합니다.

"인공지능이 글도 써 주는데, 꼭 책을 읽어야 하나요?"
"글쓰기를 힘들게 배울 필요가 있나요? 공부할 필요가 있나요?"

인공지능의 발달로 세상은 확실히 더 편리해졌습니다. 예를 들어 검색하거나 메시지를 보낼 때 한두 글자만 입력해도 인공지능이 적절한 단어와 표현을 알아서 제시해 주지요. 누르기만 하면 되니 참 편합니다. 마치 인공지능이 우리 머릿속에 들어와 있는 듯해요. 심지어 긴 글도 잘 씁니다. 우리가 며칠씩 고민해서 겨우 완성하는 글을 인공지능은 단 몇 초 만에 뚝딱 쓰니까요.

혼자 쓸 때 나는…	분야	인공지능과 함께할 때 나는…
'무슨 말로 시작하지?' '이렇게 쓰면 될까?'	편지	"미안한 마음을 담아서 사과 편지를 써 줘."
'자료는 어디서 찾지?' '무슨 내용을 담아야 하지?'	설명문	"조선 시대의 신분제를 1000자로 정리해 줘."
'바른 말을 왜 써야 할까?' '안 쓰면 어떻게 될까?'	주장문	"바른 말을 써야 한다는 주제로 5문단 주장문 써 줘."

이처럼 인공지능에게 모든 걸 맡긴다면 어떻게 될까요? 여러분이 직접 읽지 않고 스스로 써 보지 않았다면, 다시 말해 고민도 생각도 하지 않았다면 지금처럼 성장할 수 있었을까요? 그렇지 않습니다.

읽기와 쓰기는 아무리 인공지능이 발전해도 결코 대신할 수 없는 일입니다. 어렵고 귀찮게 느껴질 때도 있지만 스스로 생각해서 읽고 쓰는 일을 결코 멈춰서는 안 됩니다. 그것이 바로 우리를 키우는 힘이기 때문입니다.

저는 "읽는 만큼 크고 쓰는 대로 된다"라는 신념으로, 여러분의 내면을 더 깊고 야무지게 만들어 줄 32편의 글을 이 책에 담았습니다. 한 글자 한 글자 또박또박 정성을 담아 읽고 써 보았으면 좋겠습니다. 그렇게 쌓인 시간만큼, 여러분은 더 크고 단단한 사람으로 자라날 겁니다.

글선생 **권 귀 헌**

이 책의 특징과 활용법

스스로 처음부터 끝까지 글 한 편을 따라 써 본 경험이 있나요?《하루 한 장 가치 필사》시리즈로 온전한 한 편의 글을 읽고, 생각하고, 써서 완성하는 경험을 해 보세요.

하루 한 장, 200자 쓰기

글 한 편당 분량은 약 200자입니다. 원고지에 빽빽하게 채우는 방식이 아니라, 문단을 나누어 여백 있게 배치해 쓰는 즐거움을 느낄 수 있지요. 하루에 한 편씩 쓰면 부담 없이 꾸준히 실천할 수 있고, 일주일에 2~3번만 해도 충분히 의미 있는 기록이 됩니다.

'읽기-쓰기-생각하기' 3단계 구성

먼저, 눈으로 글을 읽어 보세요. 입으로 소리 내어 읽어 보면 더욱 좋아요. 그리고 나서 손으로 한 자 한 자 따라 쓰면서 글 속에 담긴 내용에 내 생각을 더해 정리해 보세요. 글의 마지막에는 짧은 질문이 있어 자연스럽게 나를 들여다보고 내 생각을 표현해 볼 수 있어요.

도덕 교과 핵심 가치 수록

《하루 한 장 가치 필사》시리즈는 총 4권으로, 초등 도덕 교과의 4대 영역을 토대로 구성했습니다. 어린이들이 익혀야 할 삶의 소중한 가치들을 주제별로 만날 수 있지요. 수업 연계 활동이나 인성 교육 자료로 활용하기도 좋습니다.

권	제목	핵심 목표	해당 가치
1	나	혼자서도 바로 서기	자존감, 끈기, 도전, 자기 이해 등
2	우리	건강하게 관계 맺기	정직, 공감, 예의, 우정, 효 등
3	세상	공정하고 정의로운 사회 만들기	정의, 질서, 공정, 양보, 준법 등
4	자연	지속 가능한 공존 추구하기	생명 존중, 환경 등

실제 원고지 한 칸(1cm×1cm)보다
약간 큰 크기(1.2cm×1.2cm)로, 원고지
쓰기를 연습하기에 적합해요. 연한 글씨
위에 내 글씨를 겹쳐 한 자씩 따라 써
보세요.

글 내용과 관련해 더 생각해 볼 만한
질문이에요. 내 생각을 정리해서 짧은
글짓기를 해 보세요.

차례

엄마의 사랑은 무슨 색?

엄마의 사랑은 무슨 색일까 생각해 봅니다. 새록새록 피어나는 봄날의 새싹처럼 싱그러운 초록일까, 뜨겁게 내리쬐는 햇볕처럼 아찔한 빨강일까, 시원하게 쏟아지는 장대비처럼 은회색일까, 김이 모락모락 피어오르는 군고구마처럼 진한 노랑일까.

초록색

엄마는 말합니다. 엄
마의 사랑은 바탕색이
라고. 아들딸이 마음껏
꿈을 그리고 키워 갈
수 있게 받쳐 주는
든든한 바탕색이라고.

생각해 봐요

엄마의 사랑을 색으로 표현한다면
무슨 색인가요?

9

살짝 베푼 마음 하나

말하지 않아도 먼저 남을 위해 마음을 쓰고 행동하는 걸 배려라고 하지요. 건물에 드나들 때 뒤에 사람이 오면 문을 잡아 주세요. 급식 시간, 휴지가 필요한 친구에게 먼저 건네주고요. 하굣길엔 신발에 묻은 흙을 털고 집으로 들어가면 좋겠지요.

배려가 오가면 마음이 한동안 평온해집니다. 그저 신경을 조금 썼을 뿐인데 미소가 나를 오래 떠나지 않습니다.

생각해 봐요

누군가 나에게 조용히 베풀어 준 친절을 떠올려 봐요.

커지는 거짓말, 작아지는 나

얼굴이 빨갛게 달아오르고 손발에 땀이 나며 입술이 마릅니다. 침 삼키는 소리조차 천둥처럼 크게 들립니다. 언제 이런 순간이 올까요? 바로 거짓말을 할 때입니다.

거짓말은 또 다른 거짓말을 부릅니다. 들킬까 봐 불안한 마음은 산처럼 커지지요. 거짓말하기 전, 당당하게 가슴을 펴던 나로 돌아가고 싶습니다. 거짓말은 결국 내 마음을 작게 만들고 나를 병들게 합니다.

생각해 봐요

거짓말하고 싶은 순간, 솔직해질 수 있는 방법은 뭘까요?

벽에 던진 공처럼

감사하는 마음으로
세상을 보세요. 내게
오는 작은 말 한마디,
한 조각의 빛, 한 움
큼의 향기도 고마운
마음으로 맞이하세요.
그 모든 것은 누군가
의 배려와 수고 끝에
내게 오는 것이니까요.

세상을 향해 감사하는 마음을 보내면 벽에 던진 공처럼 결국 내게 돌아옵니다. 행운 또한 감사할 줄 아는 사람에게 찾아가지요. 감사한 만큼, 더 감사하게 됩니다.

생각해 봐요

오늘 있었던 일 중 감사한 일 세 가지를 말해 봐요.

묻고 싶고 알고 싶다

나는 안다. 내가 태어난 날 엄마가 세상에서 가장 행복한 사람으로 다시 태어났다는 것을. 나는 또 안다. 내가 "엄마"라고 처음으로 말한 날, 엄마는 평생 '엄마'라고 불리길 바랐다는 것을.

생각해 봐요

내가 엄마에게 지금 제일 묻고 싶은
말은 무엇인가요?

달, 달, 무슨 달

인	류	는		오	랫	동	안		달
의		앞	면	만		바	라	보	며
살	았	어	요	.		하	지	만		기	술
이		발	전	해		처	음		달	의
뒷	면	을		마	주	했	을		때	,
그	곳	에	는		지	구	를		향	해
날	아	온		수	많	은		혜	성	을
온	몸	으	로		막	아		낸		충
돌	의		흔	적	이		가	득	했	어
요	.		달	은		지	구	를		지	킨
든	든	한		슈	퍼	맨	이	었	지	요	.

잠깐 혹은 한 면만 보고 사람을 판단하지 마세요. 그 사람에게도 우리가 미처 알지 못한 모습이 숨어 있을 테니까요. 저 달처럼!

생각해 봐요
누군가에게 겉모습과 다른 반전을 느낀 적이 있나요?

네 마음이 궁금해!

친구의 마음도 나와
같을까요? 손에서 놓
은 풍선이 바람을 타
고 둥실 날아가듯이,
친구의 마음도 어느새
놀이터를 향해 날아오
고 있을까요?

생각해 봐요

한동안 만나지 못했던, 보고 싶은
친구를 떠올려 봐요.

서로의 이름을 부르며 몸을 부대끼고 그간 있었던 일을 조잘거리며 함박웃음을 짓던 우리. 한동안 보지 못했는데 친구의 마음이 예전 그대로일지 궁금합니다.

내 마음은 굴뚝 같은데 친구의 마음은 어떤지, 오늘은 알 수 있을까요?

인사 한마디의 마법

인사 하나로 서로 웃기도 하고, 인사를 하지 않아 마음이 상하기도 해요.

길을 가다, 학교 복도에서, 엘리베이터에서 아는 사람을 만나면 가벼운 미소와 함께 고개를 끄덕여 인사를 건네 보세요. "안녕!"이라는 말도 함께요!

인사 속에는 상대방을 존중하는 마음이 담겨 있답니다. 잘 지내라는 바람과 다음에 건강하게 또 만나자는 기대는 인사 받는 사람을 웃게 합니다.

생각해 봐요

누군가 먼저 "안녕!" 하고 인사했을 때 기분이 어땠나요?

아빠를 기다리며

아빠는 종종 "오늘 회식 때 갔던 곳인데 맛있더라. 주말에 우리도 가자." 하며 음식 사진을 보여 주십니다. 그때마다 수줍게 웃는 아빠의 얼굴은 꼭 사랑을 고백하는 연인 같아요.

생각해 봐요

아빠가 내게 사랑을 표현한 순간이 언제였는지 떠올려 봐요.

아빠는 언제나 제가 손 뻗으면 닿을 곳에 머물며 저를 생각해 주십니다. 그런데 돌아보면 저는 투정만 부린 것 같아요. 오늘만큼은 퇴근하는 아빠를 더 환하게 웃는 얼굴로 맞이할래요.

참 좋은 사람

가까이하고 싶은 사
람이 있는가 하면, 거
리를 두고 멀리하고
싶은 사람도 있습니다.
가능하면 마주치고 싶
지 않은 사람이 있는
반면, 매일 만나고 싶
은 사람도 있지요.

여러분은 어떤 사람이 되고 싶나요? 환하게 미소 짓고, 부드럽게 말하며, 귀 기울여 들으세요. 함께 있는 것만으로도 기분이 좋고 바라보기만 해도 힘이 나는 그런 사람이 되어 보세요.

생각해 봐요

누군가 내 말을 잘 들어 주어 고마웠던 기억이 있나요?

힘을 보탤 때 멀리 갑니다

모둠 활동에서 친구들이 돌아가며 의견을 나누고 있어요. 그런데 한 친구가 사사건건 이렇게 말하네요.

"그건 좀 어렵지 않을까?" "보나마나 안 돼." "시간이 너무 걸려."

스스로의 생각은 내놓지 않은 채 남의 의견만 비판하면 머지않아 혼자 남게 됩니다. 상대방의 의견을 존중하고 서로 힘을 보탤 때, 우리 모두 더 멀리 나아갈 수 있답니다.

생각해 봐요

모둠 활동에서 의견을 모아
성공했던 적이 있나요?

내가 곁에 있어 줄게

친	구	의		반	려	견	이		무
지	개		다	리	를		건	넜	습	니
다.	친	구	는		바	람	도		없
는		하	늘	에	서		소	용	돌	이
를		일	으	키	며		떨	어	지	는
낙	엽		같	은		눈	물	을		조
용	히		흘	렸	습	니	다.		말	없
이		곁	에		앉	아		있	는
것		말	고	는		해		줄		수
있	는		게		없	었	지	요.

그런데도 친구는 내 손을 잡고 몇 번이나 고맙다고 말했어요. 친구의 슬픔을 전부 알 수는 없지만, 함께 있다는 사실만으로도 조금은 힘이 될 수 있기를 바랍니다.

생각해 봐요

슬퍼하는 친구에게 어떻게 해 주면 힘이 될까요?

손 잡자, 우리

외할머니가 돌아가시던 날을 기억합니다. 희미하게 웃으며 내밀시던 따뜻한 손이 아직도 생생합니다.

인간은 누구도 혼자 살아갈 수 없습니다. 우리에게 정말 필요한 건 좋아요도, 구독도, 이모티콘도 아니지요. 우리에게는 사랑이 필요합니다.

사랑하는 □이의 □손을 잡아□보세요. 온기와 촉감이 □전해지는 손, 백□마디 말보다 더 많은 걸 건네는 손. 지금, 잡아□볼까요?

내가 줄 차례예요

세상에는 공짜가 참 많아요. 시원한 공기, 푸른 나무, 포근한 햇살도 공짜예요. 좋은 아침이라며 등을 쓰다듬어 주는 부모님의 손길, 내 이름을 불러 주는 친구의 정겨움, 철마다 옷을 갈아입는 계절의 이어달리기도 전부 공짜랍니다.

그렇다면 받기만 하는 나는 무엇을 줄 수 있을까요? 환한 미소, 밝은 인사, 먼저 다가가는 친절함! 오늘 한번 선물해 보지 않을래요?

생각해 봐요
아무런 대가 없이 남에게 무언가를 준 적이 있나요?

35

진짜 당당함이란

당당하고 싶다면 이렇게 해 보세요. 첫째, 아는 척하기. 잘 몰라도. 다 아는 듯 우쭐거리며 크게 말하면 대단해 보이겠지요? 둘째, 있는 척하기. 집에 없는 물건도 있는 것처럼, 써 본 것처럼 말하세요. 친구들이 정말 부러워하겠죠?

그런데 정말 그럴까
요? 여러분은 이런
친구와 함께하고 싶나
요? 당당하고 싶다면
오히려 겸손하고 정직
하세요. 그게 진짜 당
당함이에요.

생각해 봐요

정직해서 오히려 더 멋있어 보였던
사람을 떠올려 봐요.

따스한 아침 풍경

아침에 눈을 뜰 때
들려오는 엄마의 목소
리, 눈을 비비며 나가
면 보이는 아빠의 둥
글넓적한 등, 식탁에
앉으면 함께 수저를
드는 동생의 손….

생각해 봐요

아침에 가족과 함께하는 순간 중
가장 따뜻했던 기억은 무엇인가요?

하루의 시작을 함께 하는 우리 가족에게 고마운 마음을 전하고 싶어요. 한 집에서 숨을 쉬고 따뜻한 체온을 나누는 것만으로도 큰 힘이 되니까요.

혼자였다면 아침에 눈을 뜨는 일조차 참 어려웠을 거예요. 그저 고맙습니다.

강한 사람의 말

말과 글에는 사람의 마음과 정신이 담깁니다. 남을 헐뜯는 욕설과 비속어는 우리의 정신을 더럽히지요.

한번 돌아보세요. 나쁜 말로 누군가를 아프게 한 적은 없었나요?

거친 말을 한다고 내가 강해지는 건 아닙니다. 오히려 부드럽지만 단호한 표현이 상대를 숙이게 하지요. 세찬 바람보다 따뜻한 햇살이 나그네의 외투를 벗기듯, 다정한 말이 가장 강합니다.

생각해 봐요

누군가에게 했던 말 중에 후회되는 말은 무엇인가요?

오해하면 억울해요!

엘리베이터에 탔는데 이상한 냄새가 났어요. 그래서 안에 있던 사람이 방귀를 뀐 게 아닐까 의심했지요.

그런데 그 사람이 내린 뒤 다른 층에서 탄 사람이 나를 이상한 눈빛으로 쳐다보는 게 아니겠어요? 이 냄새 주인이 너 아니냐는 의심의 눈빛!

역지사지, 상대의 입장에서 생각해 봅시다. 함부로 의심하고 평가하고 판단하면 오해만 쌓입니다. 기억해요, 역지사지!

생각해 봐요

다른 사람이 나를 오해한 적이 있나요? 기분이 어땠나요?

내가 젖어도 괜찮아

비 오는 날, 우산을 깜빡했어요. 교실을 나와 비 내리는 운동장을 바라보고 있는데 친구가 다가와 함께 쓰자며 우산을 씌워 주었어요. 집으로 오는 내내 어깨와 신발은 젖었지만 웃음소리는 멈추지 않았지요.

월 일

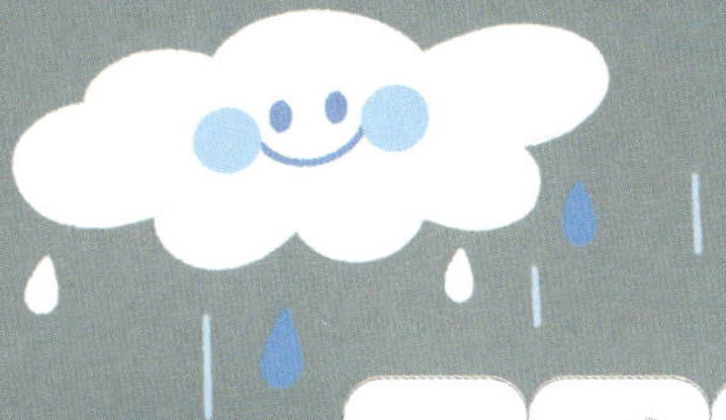

그때 깨달았습니다.
우정은 필요한 순간에
나타나 차가운 비를
막아 주는 큰 우산이
라는 것을. 내가 조금
젖더라도 친구를 지켜
주는 든든한 우산이라
는 것을.

생각해 봐요

친구를 위해 할 수 있는 작은
양보에는 무엇이 있을까요?

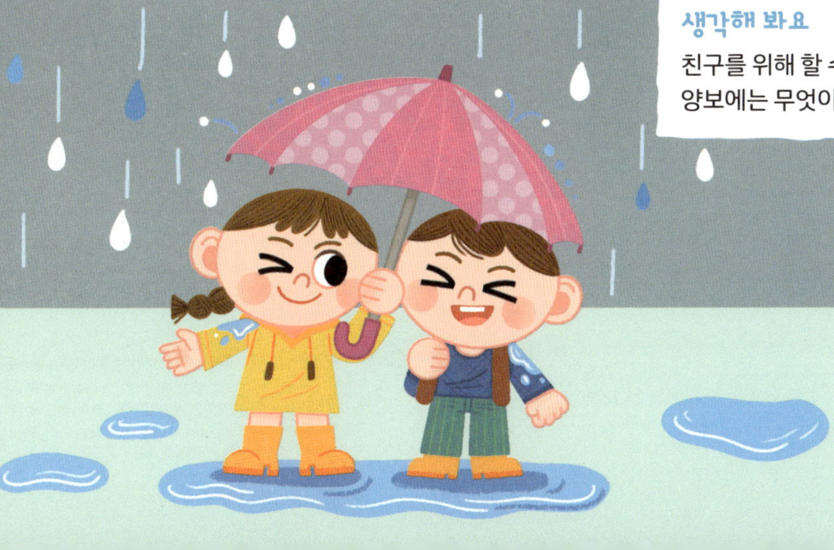

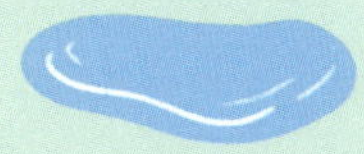

고마워, 미안해

고맙다는 말과 미안하다는 말. 이 두 말만큼은 제대로 해야 합니다. 누군가의 배려와 양보를 받아 놓고 입을 쓱 닦거나, 잘못하고도 꿀 먹은 벙어리처럼 가만히 있는다면 사람으로서 도리를 다하지 못하는 겁니다.

생각해 봐요
미안하다고 말하기 어려운 순간은 언제였나요? 왜 그랬을까요?

특히 부모님이나 형제자매에게는 더 솔직하게 표현하세요. 집에서부터 감사와 미안함을 가볍게 여긴다면, 분명 밖에서도 다른 이들을 불편하게 만들 테니까요.

건강이 최고의 효도

효는 내 몸을 온전히 지키는 데서 시작합니다. 아픈 만큼 성숙한다고 하지만, 자식의 작은 생채기에도 부모님의 마음은 문드러집니다.

생각해 봐요

심청이는 목숨을 바치지 않고도 효도를 할 수 있었을까요?

옛이야기 속 심청은 눈먼 아버지를 위해 공양미 삼백 석에 바다로 뛰어들었어요. 하지만 그것이 효도일까요?

다치지도 아프지도 말아요. 내 몸을 돌보며 건강하게 하루하루를 사는 것, 그것이 부모님께 드릴 수 있는 최고의 효도입니다.

듣는 마음이 키운다

땅에 뿌린 씨앗은 싹을 틔우기도 하지만 썩거나 마르기도 합니다. 마찬가지로 우리가 말을 했는데 듣는 사람이 없거나, 상대가 대충 듣고 공감해 주지 않으면 그 말은 도중에 사라집니다. 말도 씨앗처럼 싹을 틔우지 못하고 썩거나 말라 버리는 거예요.

씨앗의 운명을 결정짓는 것은 땅입니다. 경청합시다. 비옥한 땅이 되어 말하는 사람을 이해하고 살리고 키웁시다.

생각해 봐요

내가 생각하는 '잘 듣는 행동'은 무엇인가요?

도로 위 한마음 

아빠와 차를 타고
가는데 짙은 안개 때
문에 앞이 잘 보이지
않았습니다. 아빠는 속
도를 줄이고 비상등을
겼지요. 그러자 앞차도
뒤차도 모두 비상등을
겼습니다. 하품이 전염
되듯 불빛도 전염되었
지요.

생각해 봐요

혼자서는 어렵지만 함께하면 해낼 수 있는 일은 무엇일까요?

시원한 바람처럼

헤어질 때 아쉬운
친구가 있습니다. 별다
른 말이 없어도 함께
있으면 웃음이 나는
친구가 있습니다. 눈빛
만으로 생각을 알아차
리고, 얼굴빛만 보고도
마음을 읽는 친구가
있습니다. 만나면 바람
부는 언덕에 선 듯
숨통이 트이는 친구가
있습니다.

생각해 봐요

함께 있기만 해도 웃음이
나는 친구를 떠올려 봐요.

25 영양 만점 사랑

작년에 입었던 옷을
꺼내 입었어요. 소매가
짧아져 손목이 훤히
드러났고, 발목도 쑥
나왔지요. 나는 무엇을
먹고 이렇게 큰 걸까
요?

생각해 봐요
부모님이 주신 사랑 중 가장 고마운
건 무엇인가요?

엄마가 해 주신 따뜻한 밥, 아빠가 사오신 상큼한 과일, 학교에 오가며 먹었던 달콤한 간식…. 모든 것들이 나를 키웠지만, 부모님이 주신 사랑보다 영양 만점인 건 없었어요. 매일 나를 자라게 한 건, 바로 뜨거운 사랑이랍니다.

감정은 알록달록해도

감정은 무지개 같아요. 평소에는 따뜻한 주황이거나 파릇한 녹색이지만, 맹렬한 빨강 또는 섬뜩한 보라로 변하기도 합니다. 여러분도 그렇지요?

생각해 봐요

'감정은 바뀌어도 태도는 바꾸지 않는다'는 건 어떤 뜻일까요?

하지만 감정이 바뀐다고 태도가 달라져서는 안 됩니다. 내 감정이 빨갛다는 이유로 함부로 소리치거나 보랏빛으로 변했다고 해서 남을 무시하면 안 되지요.

감정은 알록달록 바뀌어도, 친절히 배려하는 태도의 색은 바꾸지 않겠습니다.

믿을 만한 사람이 되려면

사람과 사람 사이를
가장 쉽게 끊는 칼은
불신입니다. 거짓말을
자주 하고 말마다 과
장을 보태는 사람, 약
속을 우습게 생각하고
남의 감정을 헤아리지
않는 사람은 조심해야
해요. 믿을 수 없는
사람이니까요.

생각해 봐요

내가 믿을 만하다고 생각하는
사람은 어떤 사람인가요?

여러분은 반대로 하세요. 거짓말과 과장은 하지 말고 약속은 꼭 지키며, 다른 사람의 감정을 들여다보세요. 믿을 만하고 든든해서 함께하고 싶은 사람이 될 거예요.

하루를 안아 주는 말

어제는 아빠가 자려
고 누운 내 손을 잡
고 이렇게 말씀하셨어
요.

오늘 하루도 수고했
어. 더운 날씨에 학교
다니느라, 놀고 싶은
마음 참으면서 숙제하
느라, 엄마 도와 쓰레
기도 치우느라 고생했
어. 아빠가 참 고마워.

나도 웃으며 대답했어요.

아빠도 오늘 수고했어. 고마워. 아침 일찍 출근한 것도, 안전하게 집으로 돌아온 것도, 그리고 … 아빠가 내 아빠인 것도!

생각해 봐요

오늘 나는 가족에게 어떤 "수고했어"를 전해 줄 수 있을까요?

마음의 신호등을 켜요

감정은 우리의 생각을 지배합니다. 마음이 상한 채로는 공부도 안 되고 현명한 판단을 하기도 어렵지요. 기분이 지나치게 좋으면 과한 행동을 하거나 돈을 많이 쓰기도 해요.

누군가 나를 자극하면 빨간 불을 켜세요. 그리고 기분 나쁘다, 불쾌하다, 불편하다, 화가 난다고 말하세요. 그래야 상대방은 행동을 멈추고, 나도 감정에 휘둘리지 않고 차분히 생각할 수 있어요.

생각해 봐요

상대에게 내가 불쾌하다는 것을 어떻게 알려 주면 좋을까요?

샘 대신 칭찬 한 스푼

친구가 선물 받은 필통을 자랑했습니다. 그 모습에 샘이 나고 부러워졌어요.

그런데, 좋은 것을 자랑하면서 즐거워하는 친구의 마음을 가만히 들여다보니, 샘보다는 칭찬하고 싶은 마음이 커졌습니다.

생각해 봐요

부러움은 나쁜 감정일까요, 자연스러운 감정일까요?

‘이렇게 멋진 걸 선물 받아서 얼마나 기쁠까? 선물하신 분, 감각이 남다르시네!’ 샘을 내면 나만 아프지만, 친구 입장에서 생각해 보면 마음이 넉넉해진답니다.

31

보고 싶다, 친구야

보고 싶다, 친구야.
내 마음 깊은 곳에는
언제나 손을 내밀면
마주 잡아 주던 네
손이, 이름을 부르면
환한 이를 드러내며
웃어 주던 네 얼굴이
있어.

보고 싶다, 친구야.
동산에 올라 내려다보면 길모퉁이를 새까만 개미들처럼 오솔길 따라 재잘거리며 올라오던 우리 모습이 보여.

보고 싶다, 친구야.
너무 보고 싶다. 더 많이 볼걸 그랬다, 내 친구야.

생각해 봐요
소중했던 친구에 관한 기억을 하나 떠올려 보세요.

엄마의 저녁 음악회

해가 땅으로 꺼질 때즘 집으로 돌아갑니다. 바쁜 하루가 끝난 듯하지만 문을 열고 들어가면 엄마의 하루는 여전히 분주합니다.

생각해 봐요

가족에게 고마움을 전하는 나만의 표현법은 무엇인가요?

칼과 도마, 프라이팬과 냄비, 밥솥의 달그락 소리가 멈추고 식탁 위에 수저와 그릇, 접시와 컵이 자리를 잡습니다. 나는 음악회 관객처럼 식탁으로 초대를 받습니다.

매번 입장료도 없이 만찬을 즐기니, 감사하다는 말은 잊지 말아야겠지요?

사 | 랑

아낌없이 주고 기꺼이 함께하는 마음

어제는 바쁜 하루를 보내고 집으로 돌아와 따뜻한 물로 샤워를 했어요. 거품을 내어 머리도 감고 세수도 했지요. 개운하게 씻고 나와 수건으로 머리부터 발끝까지 닦았어요. 늘 뽀송뽀송하게 준비되어 있는 수건이 몸에 닿을 때의 촉감은 참 좋습니다.

세탁기에서 뱅글뱅글, 건조기에서 탈탈 돌다가 엄마 손에 반듯하게 접혔을 수건. 저는 수건을 볼 때마다 엄마가 생각납니다.

얼마 전 엄마와 함께 어릴 때 찍은 영상을 보았어요. 영상 속 저는 통통하면서도 얼굴이 까무잡잡했어요. 말을 정확히 못하는 게 귀엽기도 하지만, 약간은 촌스러워 부끄럽습니다. 엄마의 모습도 지금과는 사뭇 달라요. 아가씨 같다는 생각도 들고, 몸도 많이 가늘지요. 엄마 뒤로 날렵한 얼굴의 아빠도 보였습니다. 어색하고 낯설었지만 저를 보는 엄마, 아빠의 눈빛은 지금이나 예전이나 달라지지 않았어요.

사랑은 알아주지 않아도 아낌없이 주는 마음이에요. 사랑은 내가 무엇을 얼마나 줬는지 계산하지 않는 마음이에요. 사랑은 힘들어도 늘 함께하는 마음이에요.

각 가치의 정의를 읽고, 이야기 속 친구들이 어떻게 그 가치를 실천했는지 생각해 보세요.
나에게도 비슷한 상황이 있었는지, 그때 나는 어떤 생각을 했고 어떤 선택을 했는지도 함께
돌아보면 좋아요. 누군가의 이야기는 때로 내 마음의 거울이 되어 줘요. 마음속에 가치를 천천히
새겨 담으며 한 줄 한 줄 따라 쓰다 보면 여러분 안의 '진짜 나'가 더 또렷하게 자라날 거예요.

배 려

따뜻하게 대하고 도우려는 마음

하루 종일 비가 내렸어요. 양말까지 젖어 기분이 찝찝했지요. 지친 몸을 이끌고 학원으로 엘리베이터를 타고 올라가는데, 문이 닫히려는 찰나 저 멀리서 뛰어오는 아이 한 명이 보였습니다. 저는 별 생각 없이 열림 버튼을 눌렀어요. 문이 다시 열리자 엘리베이터에 탄 아이는 고개를 숙이며 고맙다고 인사를 했어요. 버튼 한 번 눌렀을 뿐인데 고맙다는 말을 들으니 괜히 겸연쩍었지요.

그런데 문이 닫히려는 찰나 이번에는 아주머니 한 분이 달려오는 게 보였습니다. 이번에도 저는 열림 버튼을 눌렀어요. 문이 다시 열리고 엘리베이터에 탄 아주머니는 땀을 닦으며 하마터면 늦을 뻔했다고 저를 보며 고맙다고 하셨지요.

그러자 먼저 탄 아이가 말했어요.

"이 언니 진짜 친절하고 착해요. 저도 태워 줬어요."

저는 얼굴이 빨개졌지만 기분이 좋았습니다. 작은 배려를 했을 뿐인데 저는 친절한 사람이 됐고, 상대방은 미소를 지었어요. 칙칙하고 어둑했던 하루가 환해졌어요. 세상이 한 뼘 더 밝아졌어요.

정 직

거짓을 버리고 진실을 선택해 나 스스로 당당한 마음

오늘 수학 시험을 보았어요. 중요한 시험이어서 엄마도 신경을 많이 쓰셨고, 잘 보라고 신신당부를 하셨지요. 시험지를 받아 들자 손에 땀이 나기 시작했어요. 그런데 아무리 풀어도 답이 안 나오는 문제가 두 개 있는 거예요. 연필을 굴리며 한참을 생각해 보았지만 도무지 실마리가 보이지 않았어요. 시간이 갈수록 점점 초조해졌습니다. 저는 정신을 차리기 위해 머리를 흔들고 기지개를 켰습니다.

그때 옆에 앉은 민호의 답안지가 우연히 눈에 들어왔습니다. 순간 마음이 흔들렸어요. 민호는 늘 100점을 받아 왔거든요.

'저게 정답 같은데. 이것만 맞으면 100점일 텐데. 엄마도 좋아하실 거야.'

심장이 두근거렸어요. 뭘 한 것도 아닌데 괜히 가슴이 요동쳤어요. 그런데 이내 마음속에서 이런 목소리가 들렸습니다.

'네가 푼 게 아니잖아. 그렇게 100점 맞으면 엄마가 진짜 좋아하실까? 너를 자랑스러워하실까?'

그래서 저는 고개를 돌리고 끝까지 제가 아는 대로 풀었습니다. 맞았는지 자신은 할 수 없었지만 시험지를 내고 나니 마음이 오히려 편안했어요.

만약 민호의 답안지를 베껴 써서 100점을 받았다면 저는 계속 불편했을 거예요. 물론 아무도 모르겠지요. 하지만 저는 알잖아요. 저 스스로 당당할 수 없다면 그 어떤 100점도 제 마음을 기쁘게 해 주지 못해요. 정직은 남에게 잘 보이기 위한 행동이 아니에요. 아무도 보지 않을 때, 아무도 모를 때에도 스스로에게 부끄럽지 않게 행동하는 용기이지요.

감 사

작은 것에도 고마움을 느끼고 표현하는 마음

세상에 저절로 이루어지는 일은 하나도 없어요. 심지어 해가 뜨고 지는 일도 지구가 열심히 제자리를 돌고 있기에 가능한 일이지요. 일렁이는 파도를 볼 수 있는 것도 지구 주변을 부지런히 돌아다니는 달 덕분이고요. 초록초록한 새싹의 인사, 살랑살랑 바람의 안부, 한들한들 단풍의 수줍음, 설레는 첫눈과의 만남… 경이로운 자연은 이 모든 걸 아무 대가 없이 우리에게 내어 줘요.

자연뿐인가요? 부모님을 비롯한 누군가가 노력하고 애를 썼기 때문에 우리는 맛있는 음식을 먹고 따뜻한 옷을 입고 편안한 곳에서 쉴 수 있어요. 누군가의 수고가 멈춘다면 지금의 평범한 하루는 이어질 수 없답니다.

글씨도 모르던 우리가 이렇게 한 편의 글을 쓸 수 있을 만큼 성장한 것 역시 주변의 보살핌 덕분입니다. 곁에서 기다려 준 사람, 끝까지 믿어 준 사람, 넘어질 때마다 다시 일어나라고 응원해 준 사람이 있었기에 우리는 클 수 있었습니다. 몰랐던 것을 하나씩 알아가고, 엄두조차 내지 못하던 일을 스스로 해내며, 가슴 뛰는 꿈을 꾸게 되는 모든 순간은 결국 주변의 사랑 위에서 자라난 것이지요. 가만히 생각해 보면 눈물이 날 정도로 고마운 일들입니다.

당연한 건 없습니다. 저절로 되는 것도 없지요. 작은 것에도 감사한 마음을 가지면 세상은 전보다 조금 더 따뜻하게 보입니다. 지금 이 순간에도 우리는 누군가의 노력 위에 서 있다는 사실을 잊지 말아요. 그리고 그 감사의 마음을 말로, 글로, 행동으로 꼭 표현하면 좋겠습니다.

소 | 통

편견 없이 듣고 말하고 이해하는 마음

쉬는 시간, 친구들과 놀다가 다툼이 생겼어요. 모두 즐겁게 놀고 있었는데 놀이 규칙에 대한 각자의 생각이 달라 말싸움으로 번졌지요.

"그건 반칙이야!"

"아니야. 아까는 괜찮다고 그냥 넘어갔어!"

서로의 말이 엇갈리자 마음도 틀어졌어요. 감정이 상해 몇몇은 얼굴이 굳었고 누군가는 목소리를 높였습니다. 저 역시 너무 화가 나고 답답했습니다. 하지만 잠시 멈춰 숨을 고르고 조심스럽게 말했어요.

"우리, 룰 다시 정하자."

잠깐의 침묵이 흐른 뒤, 친구들은 하나둘 고개를 끄덕였어요. 그리고 서로 의견을 냈어요. 그 과정에서 누군가는 조금 불편해하고 누군가는 자신의 의견을 강하게 주장했지요. 하지만 결국 조금씩 양보한 결과 만족스러운 결론이 나왔습니다. 모두 마음이 편안해졌어요.

'아, 이게 소통이구나. 마음을 열고 진심으로 듣고 말하니 결국 생각이 이어지는구나.'

소통에는 대단한 준비가 필요하지 않습니다. 마음속 얘기를 꺼내 놓는 게 소통의 시작이에요. 숨기지 말고 솔직하게 말하세요. 상대의 이야기를 왜곡하지 않고 그대로 들어 주세요. 그러면 우리는 작은 노력만으로도 서로 연결될 수 있답니다. 진정한 소통이 이루어질 때, 우리는 더 깊고 끈끈한 관계를 이어갈 수 있어요. 누군가에게 상처를 주지 않으면서도 자신의 생각을 솔직하게 말할 수 있어요

상대의 입장에서 생각하고 행동하는 마음

　점심시간, 식판을 들고 가던 정수가 그만 국을 바닥에 흘리고 말았어요. 여기저기 국물이 튀었고, 신발은 물론 옷에도 국물이 묻어 얼룩이 생겼지요. 정수의 얼굴은 금세 빨개졌어요. 그 모습을 지켜보던 몇몇 아이들이 키득거리며 약을 올렸고, 정수는 금방이라도 울 것 같았어요.

　'내가 저 상황이라면 얼마나 창피할까?'

　저는 식판을 내려놓고 얼른 휴지를 갖고 와 정수에게 건네며 말했어요.

　"괜찮아? 옷부터 닦아. 바닥은 내가 치울게."

　정수는 잠시 놀란 얼굴로 저를 바라보다가 조심스레 고개를 끄덕였어요. 다른 친구들도 하나둘 다가와 함께 바닥을 닦아 주었어요. 싸늘하던 급식실 분위기가 금세 밝아졌고, 우리는 아무 일 없었다는 듯 자리에 앉아 점심을 맛있게 먹었습니다. 그때 저를 보는 정수의 눈빛이 왠지 더 단단하게 느껴졌어요.

　역지사지. 생각보다 어렵지 않습니다. 상대가 놓인 상황 속으로 한 걸음 들어가 보면 누구나 할 수 있어요. 상대방의 입장이 되는 순간 우리는 그저 지켜보는 사람이 아니라 함께 생각하고 행동하는 진짜 친구가 돼요. 내 입장에서는 결코 알 수 없는 감정을 상대방의 입장에 서면 조금이나마 알 수 있거든요.

　그렇게 시작된 작은 행동 하나, 말 한 마디가 누군가에게는 큰 힘이 됩니다. 입장을 바꿔 생각해 보세요. 누군가 나를 이런 마음으로 대해 준다면, 그 마음이 얼마나 큰 위로가 될까요?

의지하고 격려하며 함께 성장하는 마음

동수와 저는 참 잘 어울려 다녔어요. 이름 모를 벌레를 잡으러 공원 이곳저곳을 헤집고 다녔고, 물이 쏟아지는 분수에서 입술이 덜덜 떨리도록 놀기도 했지요. 시간 가는 줄도 모르고 어둑해질 때까지 놀이터에서 놀다가 집으로 돌아가는 날도 많았고요.

동수의 생일을 앞두고는 며칠을 고민해서 선물을 골랐고, 정성껏 편지도 썼어요. 어떤 말을 쓰면 좋을지 몇 번이나 지웠다 다시 쓰며 마음을 담으려고 애를 썼습니다. 그래서인지 생일날 제 편지를 읽는 동수를 볼 때는 제 마음이 더 설레기도 했어요.

그런 동수와 헤어질 날이 얼마 남지 않았어요. 동수가 고속도로를 타고도 세 시간을 가야 하는 꽤 먼 곳으로 이사를 가거든요. 삼 년이라는 긴 시간을 꼬박 함께 보낸 절친인데, 이사를 가면 지금처럼 자주 보기 어렵겠지요?

저는 우정이라는 단어를 떠올리면 가장 먼저 동수가 생각나요. 우리는 서로 의지하고 격려하며 함께 자랐거든요. 좋은 일, 슬픈 일 모두 숨김없이 털어놓았고, 서로가 무엇을 하든 응원했어요. 때로는 상처 주는 말도 하고 고집을 부리며 마음 아프게도 했지만, 결국 우리는 서로를 이해하고 먼저 손을 내밀었습니다.

떨어져 있어도 우리의 우정은 변치 않을 거예요. 이따금 동수를 생각하며 서글 퍼질지도 모르지만 저는 변함없이 동수가 잘 지내기를 기도하고 멀리서라도 응원할 거예요. 멀리 떨어지더라도 우리가 함께한 시간은 결코 사라지지 않아요.

예 의

존중하는 마음을 담은 말과 행동

사람과 사람 사이에는 보이지 않는 '존중'이라는 강이 흐르고 있어요. 이 강은 나이의 많고 적음, 지위의 높고 낮음, 공부나 운동을 잘하고 못하는 것과 상관없이 모든 사람 사이에 똑같이 흐르고 있습니다.

강이 마르면 사람들은 거친 말을 던지고 과격한 행동을 서슴지 않습니다. 존중이 흐르던 자리에는 오해와 분노가 쌓이고, 우리는 서로를 소통과 공감의 대상이 아닌 제압해야 할 적으로 여기게 되지요.

반대로 존중의 강물이 평화롭게 흐르는 상태가 바로 예의입니다. 예의 중에서도 가장 기본이자 으뜸은 인사랍니다. 인사는 아주 사소해 보이지만 그 어떤 것보다 중요합니다. 인사만 잘해도 우리는 서로에게 따뜻한 인상을 남길 수 있고, 그 자체로 한층 더 멋지고 의젓한 사람으로 성장할 수 있어요.

가벼운 인사에는 상대방에 대한 예의와 존중이 담겨 있습니다. 잘 지내라는 바람과 다음에 건강하게 또 만나자는 기대는 인사 받는 사람을 웃게 하지요. 인사 한 번만으로도 우리는 큰 노력을 기울이지 않아도 상대에게 기쁨을 줄 수 있습니다.

'인사를 안 받아 주면 어떡하지?' 하고 걱정할 필요는 없어요. 대부분의 사람들은 상대방이 웃는 얼굴로 인사를 건네면 고개를 끄덕이며 인사를 받아 줍니다. 아무런 고민 없이, 그저 숨을 들이쉬고 마시는 것처럼 인사를 건네 보세요.

부모님을 향한 존경과 감사

지난 주말 할아버지와 할머니를 뵈러 갔어요. 엄마는 할머니 곁에 앉아 요즘 어디가 불편한지, 무엇이 필요한지 이것저것 여쭙고 안부를 살피는데, 아빠는 이번에도 조용히 밥만 드셨어요. 저는 할머니께 여쭈어 보았어요.

"할머니는 아빠가 말도 안 하는데 섭섭하지 않아요?"

"섭섭하긴. 아빠는 어릴 때부터 지금까지 할아버지랑 할머니한테 얼마나 잘하고 있는데."

할머니는 어린 시절의 아빠가 얼마나 예쁘고 귀여웠는지 자세히 말씀해 주셨습니다. 집안일이 힘들고 시집살이가 고될 때도 아빠 얼굴만 보면 괜히 힘이 났다고 하셨어요. 할아버지가 속을 썩여도 아빠 덕분에 견딜 수 있었다고요. 지금도 아빠는 너무 잘하고 있다며, 섭섭한 게 하나도 없다고 하셨어요.

생각해 보니, 아빠는 말수가 적을 뿐 항상 집안을 돌아보며 손댈 곳은 없는지 늘 먼저 살피셨어요. 항상 할아버지와 할머니 말씀을 귀담아들었고, 한 번도 목소리를 높인 적이 없었어요. 어버이날이면 쑥스러워하며 감사하다는 말도 전했지요. 아빠는 누구보다도 깊이 할아버지와 할머니를 존경하고 있었어요. 그 마음이 겉으로 크게 드러나지 않았을 뿐이지요.

아빠를 보고 깨달았습니다. 효도는 거창한 계획에서 시작되는 게 아니라는 것을요. 말이 많지 않아도, 묵묵한 태도와 꾸준한 행동으로 전해지는 마음이야말로 깊은 효도라는 것을요. 부모님을 향한 존경과 감사의 마음, 그 마음을 조용히 지켜 가는 것, 그것이면 충분합니다.

경 청

상대의 말을 주의 깊게 듣고 헤아리는 태도

친구와 이야기를 나누고 있는데 친구가 스마트폰을 꺼내서 만지작거렸어요. 제가 말할 때 고개를 들기는 했지만, 서운한 마음은 쉽게 가라앉지 않았지요. 처음에는 '내 이야기에 관심이 없나?' 하고 넘기려 했지만, 시간이 조금 더 지나자 그 마음은 점점 다른 모습으로 바뀌었지요.

'혹시 나를 무시하는 걸까?'

별일 아니라고 생각할 수도 있지만 그 순간을 떠올리면 가슴 한쪽이 서늘해집니다. 문득 이런 생각이 들었거든요. 나도 그러지는 않았나? 친구가 말하고 있는데 내 마음은 다른 곳에 가 있었던 적이 없었을까? 하고요.

스마트폰이 손에 있는 한 경청하기는 어려워요. 스마트폰만 있으면 재미있는 온라인 세상에 언제든 접속할 수 있거든요. 게다가 잠시만 방심해도 '얼른 열어보라'는 알림이 쉴 새 없이 뜨고요. 하지만 그 대가로 우리는 바로 옆에 있는 소중한 사람을 잃고 있어요.

값진 행동 중 하나는 '잘 들어 주는 것'입니다. 누군가 내 이야기를 진심으로 들어 주기만 해도 마음속 답답함이 풀리고 큰 위로를 받게 되니까요. 친구가 자신의 시간과 에너지를 온전히 나에게 써 주었다는 사실만으로도 감사한 마음이 생기지요. 이런 경험은 친구 사이에 든든한 다리를 놓아 줘요.

경청이란 단순히 귀로 듣는 것이 아니라 마음으로 함께하는 거예요. 상대의 눈을 바라보며 고개를 끄덕이면 "네 이야기를 소중하게 듣고 있어."라는 따뜻한 신호가 전달되지요. 누군가 말을 할 때 온전히 그 사람에게 집중해 봐요. 진심을 다해 귀 기울인다면 두 사람의 마음은 훨씬 가까워질 거예요.

힘과 마음을 하나로 합하는 행동

교실에서 무거운 테이블을 옮긴 적이 있어요. 저는 혼자서도 할 수 있을 거라 생각하며 두 손에 힘을 꽉 주고 있는 힘껏 밀었습니다. 하지만 제 예상과 달리 테이블은 조금도 움직이지 않았어요. 마치 테이블이 거대한 바위처럼 느껴졌어요. 호흡을 가다듬고 다시 한번 더 힘을 주었지만 테이블은 꿈쩍도 하지 않았습니다. 점점 팔에 힘이 빠지고 얼굴이 빨개졌지요.

그때 옆에 있던 친구가 다가와 말했어요.

"뭘 혼자 낑낑거리고 있냐? 같이 해." 둘이 힘을 합치자 책상이 천천히 움직이기 시작했어요. 잠시 뒤에는 세 번째 친구까지 합류했고 무겁게만 느껴지던 책상은 바퀴가 달린 듯 제자리를 찾아갔어요. 돌아보면 결코 혼자서 할 수 없는 일이었습니다. 하지만 처음에는 예상하지 못했던 친구들의 도움 덕분에 쉽게 끝났지요.

협동이란 단순히 일을 나누는 것이 아니라 서로의 힘과 마음을 모으는 거예요. 누군가는 앞에서 끌고, 누군가는 뒤에서 밀고, 또 다른 사람은 방향을 잡아 주는 것처럼 말이죠. 모두가 책임감을 가지고 힘을 내면 어려워 보이는 목표도 이룰 수 있습니다.

우리는 종종 혼자 잘하는 것이 더 멋지다고 생각해요. 누군가에게 도움을 요청하면 약해 보일까 걱정하기도 하고요. 하지만 협동을 경험하면 깨닫게 될 거예요. 혼자 빛나는 순간보다 함께 빛나는 순간이 훨씬 밝고 따뜻하다는 것을요.

공 감

상대의 감정을 이해하고 따뜻하게 다가가는 마음

미술 시간에 한 친구가 그리던 그림을 갑자기 찢어 버렸어요. 선생님께 혼난 것도 아니었고, 누가 뭐라고 한 것도 아니었지요. 그저 그림이 마음에 들지 않는다는 이유였어요. 친구가 울상을 짓자 교실 안이 술렁였어요. 다른 아이들은 "괜찮은데 왜 저래?" 하며 고개를 갸웃거렸어요.

하지만 저는 그 마음을 이해할 수 있었어요. 예전에 저도 비슷한 경험이 있었거든요. 저는 조용히 친구 옆으로 다가갔어요.

"마음에 안 들면 찢어도 돼. 나도 그랬거든. 마음대로 안 되면 진짜 답답하잖아."

씩씩거리던 친구는 저를 보더니 어깨를 으쓱하며 퉁명스럽게 말했어요.

"맞아! 너무 속상해. 알아줘서 고마워."

우리는 서로를 잠시 바라보다가 이내 앞니를 보이며 웃었어요.

공감은 특별한 능력이 아니에요. 상대방의 마음을 자기 마음처럼 느끼려는 작은 시도에서 출발하면 되지요. 누군가의 슬픔에 고개를 끄덕이는 것, 기쁨에 함께 웃는 것, 그것이 바로 공감이랍니다. 왜 그런지 이해하려 애쓰지 않아도 괜찮아요. '그럴 수도 있겠다' 하고 받아들이면 돼요.

내 마음을 알아주는 사람이 없다는 생각이 들면 세상은 암흑으로 변하고 깃털 하나도 무거워 견디기 힘들 겁니다. 누군가가 나에게 공감해 줄 때, 우리는 혼자가 아니라는 믿음을 얻고 힘든 상황을 이겨낼 수 있어요. 앞으로 감정이 상한 누군가를 보면 "그럴 수 있어."라는 마음으로 공감하고 손을 먼저 내밀어 보세요.

하루한장 가치필사 2.우리

초판 1쇄 인쇄 2026년 1월 9일
초판 1쇄 발행 2026년 1월 20일

지은이 권귀헌

대표 장선희 **총괄** 이영철
기획위원 김혜선 **책임편집** 강교리 **기획편집** 조연곤, 최지수
디자인 이승은, 장혜미 **외주디자인** 부가트 디자인
마케팅 장동철, 서세원, 이은진 **경영지원** 전선애

펴낸곳 서사원주니어 **출판등록** 제2023-000199호
주소 서울시 마포구 성암로 330 DMC첨단산업센터 713호
전화 02-898-8778 **팩스** 02-6008-1673 **이메일** cr@seosawon.com

홈페이지   인스타그램

ⓒ 권귀헌, 2026

ISBN 979-11-6822-561-9   64700

- 이 책은 저작권법에 따라 보호를 받는 저작물이므로 무단 전재와 무단 복제를 금지합니다.
- 이 책 내용의 전부 또는 일부를 이용하려면 반드시 저작권자와 서사원 주식회사의 서면 동의를 받아야 합니다.
- 잘못된 책은 구입하신 서점에서 바꿔 드립니다.   • 책값은 뒤표지에 있습니다.

서사원은 독자 여러분의 책에 관한 아이디어와 원고 투고를 설레는 마음으로 기다리고 있습니다.
책으로 엮기를 원하는 아이디어가 있는 분은 서사원 홈페이지의 '출간 문의'로 원고와 출간 기획서를 보내주세요.
고민을 멈추고 실행해보세요. 꿈이 이루어집니다.